DECONSTRUYENDO EL AMOR IDEAL DE PAREJA

UNA GUÍA PRÁCTICA E INTROSPECTIVA PARA APRENDER Y CONOCERTE DESDE UNA RELACIÓN DE PAREJA

JENNY PAOLA OSORIO ECHEVERRI

CAROLINA CARDONA

GUÍA PARA
SER HUMANOS
EDITORIAL

Antes de Empezar

Esta es una guía práctica, reflexiva e introspectiva; no es un libro con un paso a paso determinado a seguir. Cada lector/a establecerá su propio ritmo y se dará a sí mismo/a sus propias respuestas. Te recomendamos que seas constante, paciente, sincero/a y comprometido/a en tu proceso personal y de lectura.

Este libro contiene muchas preguntas que son fundamentales resolver detenidamente a través de la escritura, con el fin de desarrollar una capacidad de introspección y de escucha de sí mismo/a - de cada persona, sea que esté en pareja o no. Solo importa que tú respondas estas preguntas de acuerdo a tu sentir, pensar y actuar, por lo que no existen respuestas apropiadas e inapropiadas.

Los únicos errores que puedes incurrir es no ser sincero, no escucharte y no prestar atención a ti mismo/a. Ten presente, no hay buenas, ni malas respuestas, simplemente son: TUS RESPUESTAS. Solo este hecho las hace válidas y fundamentales para comenzar un proceso de deconstrucción de imaginarios e ideas sobre la pareja y de ti en una relación amorosa, que pueden estar haciéndote daño o lastimándote.

No siendo más, empecemos...

Elementos a Considerar para la Lectura- Escritura de Este Libro-Guía

- Recursos físicos necesarios: Lápiz o lapicero, tu libro - guía física "De- Construyendo el Amor en Pareja".

- Para libros en formato digital - e-Book: Te recomendamos para el proceso de lectura y escritura que dispongas de una libreta exclusivamente para dar respuesta a los ejercicios planteados por las autoras.

- Leer el libro consecutivamente como está escrito, igual puedes leerlo como quieras, esto no es una camisa de fuerza. Pero se recomienda que leas y respondas de acuerdo al orden estructurado por las autoras.

- Ser sincero/a. No con las autoras, sino contigo mismo/a.

- Hacer pausa cuando no tengas claras tus respuestas. Ten presente, que sin presión y con calma aparecerán. Es mejor esto, a forzar y escribir algo que no es lo que crees o sientes.

- ESCRIBE TODAS TUS RESPUESTAS: Responde las preguntas y haz los ejercicios de manera escrita, no lo hagas y respondas únicamente en tu mente. ¿Por qué? Porque el propósito de esta guía de deconstrucción es que te involucres todo lo que más puedas y cuando a la mente le "das rienda suelta" sin revisar detenidamente lo que estás pensando te llevará a otros lugares. En pocas palabras, no escribir tus respuestas hará que te disperses y empieces a pensar en otras situaciones de tu diario vivir, y pierdas el hilo de lo que estás trabajando con la guía e incluso abandones el espacio que dispusiste para leer.

- Para la lectura y práctica de este libro, también te recomendamos leer el libro Reconstruyendo el Amor en

Pareja que complementa y profundiza de manera reflexiva los pilares del amor: la monogamia, el amor romántico y la sexualidad.

TEN PRESENTE...

- La escritura y la lectura de lo que escribes te permite ser más consciente de lo que sucede con tus pensamientos, sentimientos e historia personal.
- Dedicar espacios a la escritura mediante los ejercicios y preguntas aquí planteadas, te permite desarrollar un proceso de reconocimiento de tu historia, de tu propia mente y sentir. Es decir, que desarrolla un proceso de introspección, que te aportará a conocerte, a atender y cuidar de ti mismo/a, sea que hayas tenido, estés o quieras una relación de pareja.

ÍNDICE

CAPÍTULO UNO: ¿CÓMO APRENDISTE EL AMOR EN PAREJA?

Se requiere realizar una revisión en tu mente para la comprensión del amor en pareja cómo lo has aprendido hasta ahora, más exactamente de lo que crees y del discurso interno que constantemente sostienes a solas (incluso a pesar de no ser consciente de ello). Esto es importante, porque aprenderás a identificar bajo qué ideas, imaginarios y expectativas estas operando al enfrentarte al mundo amoroso de pareja. También, te servirá para reconocer aquellos pensamientos que te lastiman o hacen sentir sufrimiento, ya que lo que crees te genera sentimientos y te hace comportarte de formas específicas.

Ideas, Imaginarios y Expectativas que Rondan Tu Mente Sobre la Pareja

Revisemos las ideas, imaginarios y expectativas acerca de la pareja que rondan por tu mente, pregúntate y responde con sinceridad y con calma:

¿Para qué quiero tener pareja?

____

____

____

____

____

____

____

____

¿Qué espero de mi pareja?

¿Cómo quiero que sea él/ella en su físico y personalidad?

¿Cómo quiero que una pareja me trate y se comporte conmigo?

¿Cómo creo que deben ser las relaciones de pareja?

Es importante para conocer tus creencias y sentimientos, practicar la escritura, lectura y relectura de lo que tú mismo escribes sobre ellos. Ya que el proceso de escritura contribuye a expresar lo que te afecta, crees y sientes, pero, leer y releer lo que escribiste, te permitirá escucharte, atenderte, brindarte tiempo y ser consciente de lo que está pasando por tu mente y sentir sobre las relaciones de pareja y también sobre ti mismo/a.

Estas preguntas y respuestas permiten identificar las expectativas que cada ser humano ha desarrollado acerca del amor en pareja. A pesar de creer que esas expectativas son normales y que el otro al que llamamos o llamaremos pareja debe cumplirlas, no implica que en realidad deba ser así.

Estas expectativas hablan de nosotros/as mismos/as, de los vacíos que existen en el interior de cada persona, que deseamos llenar mediante otro. Al operar con ese sentido, la responsabilidad del "mejorarnos" o el "sentirnos mejor", se deposita en el otro, de tal forma, que nos autoimposibilitamos de brindarnos esa propia resolución de dificultades y dolencias que nos acompañan en lo anímico.

¿Cómo Surgieron Tus Ideas, Imaginarios y Expectativas Sobre las Relaciones de Pareja?

Los imaginarios y expectativas que se han establecido en ti sobre las relaciones de pareja no es algo que exclusivamente te haya pasado a ti. Lo experimentamos la mayoría de personas, ya que esto es una construcción social enseñada y aprendida entre los seres humanos mediante los espacios de socialización (familia, escuela, entre otros). Es decir que adquirimos las ideas, imaginarios y expectativas acerca del amor de pareja mediante un proceso de interacción social, sin quererlo y tampoco buscarlo intencionalmente.

Las relaciones amorosas de pareja hacen parte de una construcción social que se ha transmitido históricamente en diversos contextos y a cada uno de nosotros/as como una de las formas más significativas de relacionarnos y vivir la vida adulta.

El anhelo de este tipo de relación, más la dificultad de crear y asumir una manera diferente de estar "en pareja", evidencia cómo estamos atados a estructuras sociales que nos guían, y a la vez nos resulta complejo soltarnos de ellas.

Reconocer que las relaciones de pareja tienen este componente social que nos atraviesa e influye, permite conocer cuando se está cayendo en patrones aprendidos que quizá no contribuyen favorablemente a la relación amorosa que se pretende establecer. Pues, en definitiva, existen elementos que nos condicionan a ser y actuar como lo hacemos, y que llevan a establecer relaciones tóxicas, dependientes y demandantes.

Por eso revisa tus respuestas con detenimiento, analiza qué patrones de posesividad, inseguridad, inferioridad, exigencia, entre otros, tienes acerca de la pareja.

También identifica cuáles miedos y sentimientos sobre la soledad, la vejez, la compañía, te surgen con el tema de las relaciones amorosas.

Sea que tu respuesta "¿para qué tener pareja?" incluya para estar en compañía, para mejorar las posibilidades económicas, para compartir exclusivamente tu sexualidad, amor y atención. Todas estas son el reflejo de las expectativas que hemos desarrollado y aprendido del contexto, en relación a una pareja.

Estas expectativas e ideas se han interiorizado de tal forma en la sociedad que son aprobadas y se asumen como normales, sin concebir el daño y sufrimiento que causan en las personas, debido a la dependencia emocional que nos genera si esto se nos convierte el centro de nuestro mundo.

Sigamos profundizando en este tema en relación a ti y tus aprendizajes.

¿Alguna vez viste novelas, series o películas románticas durante tu infancia o adolescencia? Seguramente sí. Así que escribe algunas que recuerdes que hayas visto en esa época de tu vida:

____

____

____

____

____

____

____

Escoge una de estas novelas o películas que te haya gustado más y describe brevemente en el siguiente espacio su historia, haz énfasis en lo relacionado a la historia de amor, sus dificultades y problemas, también cómo era cada parte de la relación:

____

____

____

____

____

____

____

Contesta con una **X** lo siguiente de esta novela, película o serie:

1. Había celos en la pareja   Si _ No_

2. Existía exclusividad el uno con el otro   Si _ No_

3. Discutían o se peleaban constantemente   Si _ No_

4. Era una relación monógama   Si _ No_

5. Era una relación heterosexual   Si _ No_

6. Se casaron al final de la historia   Si _ No_

7. Eran detallistas, amorosos, tenían mucho contacto físico   Si _ No_

8. Tenían sexo aparentemente con penetración   Si _ No_

Estas preguntas buscan situarte en los elementos de la TV que te influenciaron en la creación de imaginarios de una relación de pareja (en cuanto a lo que se hace y cómo se comporta en ella). Pues, esto no se presenta exclusivamente en la ficción, sino también, en nuestros espacios cercanos y cotidianos, ya que en las calles o lugares públicos percibimos relaciones monógamas, con conductas que demarcan la exclusividad que se tiene entre ambas personas que conforman la pareja. Pero también, estas parejas suelen ser heterosexuales y realizar acciones que se han clasificado dentro de un amor romántico, como lo es tomarse de las manos, besarse, abrazarse, invitarse a comer o tomar algo, regalarse detalles, entre otros. Cabe decir, que esto no solo se percibe en espacios públicos, sino también en espacios privados e íntimos, como lo son en los hogares y en las familias. Y es precisamente aquí donde lo aprendemos, interiorizamos y reproducimos con mayor facilidad estos códigos sociales acerca de las relaciones de pareja.

Complejidad en el Ser Amado y Amante

Identificación con tu Rol Siendo Amante

Retomemos la novela, película o serie del ejercicio anterior, para continuar identificando elementos personales y sociales que nos constituyen y que nos enseñan acerca de nosotros mismos. Así que continuemos, contesta lo siguiente de esta misma novela, película o serie que elegiste para el ejercicio anterior:

¿Con cuál personaje te identificas? o ¿Qué personaje deseabas ser?
Escribe su nombre:

____

Busca en tus recuerdos

¿Cuál es la razón o las razones por las que te identificabas o querías ser como ese personaje?

____

____

____

____

____

____

¿Qué caracterizaba o distinguía a ese personaje?

____

____

____

____

____

____

____

¿Este personaje cómo se comportaba y qué actitudes asumía para atraer a una persona?

____

____

____

____

____

____

____

¿Cómo se comportaba y qué actitudes asumía dentro de la relación de pareja?

____

____

____

____

____

____

____

¿Identificas algo en común de la forma de comportarse de este personaje, en ti?

____

____

____

____

____

____

¿Identificas algo en común de la forma de relacionarse de este personaje, en las relaciones de pareja que has construido?

____

____

____

____

____

____

____

____

Por supuesto, la forma en que te relacionas no solo depende de la influencia de los medios, también se vincula a factores familiares como lo son la forma en que te atendió tu madre, padre o demás figuras importantes durante tu crianza. La manera como te relacionas también se permea de la forma en que te posicionas en el mundo, de lo que has sentido que necesitas de él y de lo que quieres darle. Sin embargo, estos ejercicios se plantean con el fin de empezar con una revisión de algunas identificaciones que surgen principalmente de los elementos sociales que adquirimos mediante distintas narrativas.

Identificación con tu Rol siendo Amado

¿Qué personaje de esa novela, serie o película te atraía o te gustaba física y emocionalmente? Escribe su nombre:

____

Busca en tus recuerdos ¿Cuál es la razón o las razones por te atraía ese personaje?

____

____

____

____

____

____

____

____

¿Este personaje cómo se comportaba y qué actitudes asumía dentro de la relación de pareja?

____

____

____

____

____

____

____

¿Identificas algo en común de la forma de comportarse de este personaje, con alguna o algunas parejas que hayas tenido?

____

____

____

____

____

____

Estas preguntas están formuladas con la finalidad de que identifiques elementos de tu forma de comportarte en situaciones de atracción, gusto o de relacionamiento de pareja tanto amando o siendo amado/a. Ya que, constantemente somos inconscientes de los patrones que realizamos en estas circunstancias, sin embargo, estos son necesarios reconocerlos y revisarlos para aprender sobre nosotros mismos, acerca de nuestra búsqueda personal y también de nuestras necesidades y ausencias que se proyectan en las relaciones de pareja o en situaciones de seducción con otras personas.

Las novelas, películas y series tienen contenido humano aprendido socialmente que reflejan identificaciones de las personas tanto en cómo quieren ser, como quieren mostrarse, actuar, satisfacer y brindar a otro/a que nos atrae, nos gusta y/o que es pareja. Pero también, nos muestra cómo queremos que se comporten con nosotros e incluso las cualidades que idealizamos.

En este orden de ideas, las respuestas que escribiste tienen como propósito que conozcas la forma y estrategias que usas para ganarte un lugar especial y exclusivo, ese que te permita amar y a la vez ser amado/a. Asimismo, estas respuestas permiten que expreses e identifiques tus expectativas frente al otro, y de ti mismo/a estando en una relación amorosa.

Por lo tanto, el ser humano que busca o está en una relación de pareja se desenvuelve bajo dos roles: ser amante y ser amado, los cuales interactúan simultáneamente.

Es decir que, en una relación de pareja existe un constante relacionamiento de las dos personas desde el rol amante y amado.

Cuando el ser humano se dispone a vincularse dentro de una relación de pareja desconoce que está creando un espacio en el que se posicionará desde dos roles que se encuentran en simbiosis:

1. De amante: En acción de amar a otro/a
2. De amado: En acción de ser amado – siendo objeto de amor y/o sexual.

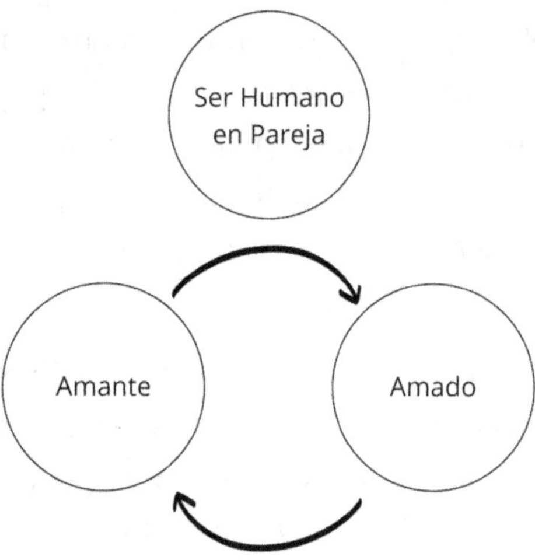

En este sentido, cada persona inmersa en una relación de pareja queda dividida en lo que espera y esperan de él/ella frente al amor que da y recibe. Por lo que, una relación de pareja al estar compuesta de dos seres humanos, está entretejida tanto de dos amantes y dos amados en simbiosis.

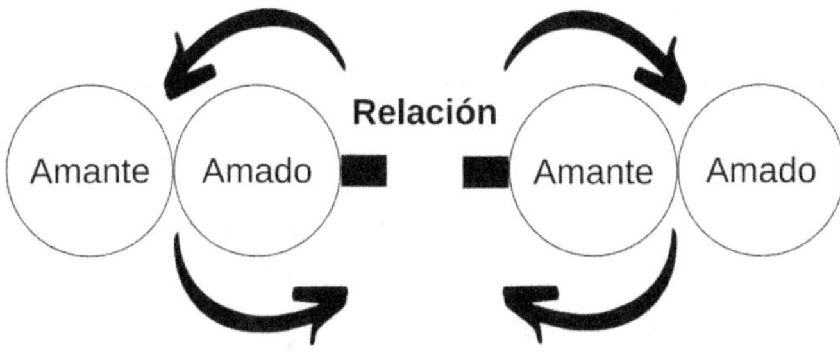

Las relaciones de pareja son mucho más complejas de lo que te podrías imaginar, no son solo tus deseos, ni los de tu pareja, tampoco estereotipos asumidos del amor. Una relación de pareja se compone de elementos sociales, culturales, políticos, económicos, familiares y también personales, que son fundamentales conocer de cerca para elegir conscientemente con cuales de ellos te quedas y con cuáles no, para que vivas más cercanamente lo que te genera bienestar y tranquilidad.

Cabe decir que, la identificación de los patrones (que escribiste en las páginas anteriores) permiten hacerte tres preguntas sumamente importantes:

¿Por qué te comportas o quieres comportarte de las maneras que identificaste?

____

____

____

____

____

____

¿Para qué quieres actuar de esa manera?

____

____

____

____

____

____

¿Qué es lo que buscas llenar en ti a través de lo que ves en esa persona que te gusta o es tu pareja?

____

____

____

____

____

____

____

____

Estos ejercicios no son para juzgarte, son para reconocerte, para aprender de ti mismo, para que esa persona que habita tu cuerpo sea un ser conocido y no un desconocido que opera y actúa en automático. A partir de lo que encontraste en tus respuestas tanto en tu rol de amante y amado, es importante que te preguntes ¿con que de eso te sientes a gusto y que de eso te gustaría cambiar?

Después de resolver estas preguntas, cuando vuelvas a salir con una persona con intenciones amorosas, afectivas y sexuales o con tu pareja, busca disfrutar el espacio, pero también, sé consciente de cuando sigues repitiendo esos patrones que no te agradan y reconoce cómo te hacen sentir. Ten presente que en el momento que los identificas eres consciente de ellos, pero que esto requiere de práctica en lo que estes viviendo. Cada vez que suceda sabrás que estás operando bajo patrones que te sujetan y es probable que después empieces a identificar ese patrón no después de hacerlo, sino, justo antes de realizarlo y puedas decidir si seguir haciéndolo o modificar tu actuar por uno que rompa con los ciclos que vienes repitiendo.

Por eso, los ejercicios planteados de la novela o película son para que percibas toda la influencia externa que has recibido, aprendido y con aquello que te identificaste sin querer acerca de cómo funciona y es una relación de pareja. Para esto es necesario continuar profundizando en ti desde otras formas de creer, sentir y actuar que surgen en el amor romántico y desde la sexualidad, ya que esto posibilita ampliar la perspectiva de ti en las relaciones amorosas.

LOS PILARES DEL AMOR DE PAREJA EN LA INTIMIDAD DE CADA SER HUMANO

El amor en pareja que nos han enseñado y hemos aprendido, se sustenta en tres pilares fundamentales: la monogamia, el amor romántico y la sexualidad. Estos se profundizan a continuación en distintos capítulos partiendo desde tu propia experiencia y proceso personal.

CAPÍTULO DOS: ¿CÓMO CREES, SIENTES Y ACTUAS LA MONOGAMIA?

La monogamia es una práctica en la que se sostiene una relación sexual y afectiva de forma exclusiva entre dos personas. Así como gran parte de lo humano, esta práctica también es aprendida y transmitida socialmente entre generaciones. Aunque, podríamos creer que no existen dificultades con la monogamia, es importante revisar este concepto y práctica en nuestras vidas, para identificar que a pesar de asumirla como normal, tiene implicaciones en sentimientos de inseguridad, acciones de posesividad y control que desarrolla el ser humano cuando constituye una relación de pareja monógama.

Inicialmente partamos de tus deseos y de lo que quieres para ti con respecto a una relación de pareja, recuerda responder con sinceridad desde ti:

Inicialmente partamos de tus deseos y de lo que quieres para ti con respecto a una relación de pareja, recuerda responder con sinceridad desde ti:

1. Quieres tener una pareja exclusiva para ti   Si _ No_
2. Quieres conformar en un futuro una familia con esta pareja   Si _ No_
3. Te gustaría vivir con una pareja en un mismo lugar   Si _ No_
4. Piensas que es importante la fidelidad en una relación de pareja   Si _ No_
5. Estas dispuesta/o a ser exclusivo sexual y afectivamente por muchos años de tu vida con una sola persona – una pareja   Si _ No_
6. Te gustaría que tu pareja sea exclusiva sexual y afectivamente por muchos años de tu vida contigo   Si _ No_
7. Quieres ser exclusivo/a sexual y afectivamente por muchos años de tu vida para estar con una sola pareja   Si _ No_
8. Te gustaría experimentar emocional y sexualmente con otras personas   Si _ No_

Hacernos preguntas en relación al tipo de relación que deseo y lo que quiero de ella es fundamental para reconocer que quiero en este ámbito de la vida. Ya que muchas personas deciden establecer una relación de pareja de manera automática, sin considera si francamente es lo que quieren tener en sus vidas. Asimismo, asumen compromisos monógamos sin estar de acuerdo con ellos y en ese proceso hieren a personas que si están deseando a estas formas de construir una relación de pareja.

Es importante que te hagas estas preguntas y las respondas con total sinceridad, no está mal ni bien si resulta que la monogamia es o no es el modelo de pareja que quieres. Son formas de relacionarnos y como adultos podemos decidir que está más acorde a lo que resuena con nosotros mismos y nuestra búsqueda personal.

Creencias Arraigadas Sobre la Monogamia

Como se ha mencionado, existen creencias en la sociedad construidas, transmitidas y aprendidas sobre las relaciones de pareja que no son ajenas a la subjetividad de cada ser humano. Para comprender cercanamente las creencias sobre la monogamia internalizadas en nosotros/as y las implicaciones que esto conlleva para el proceso personal y social de cada ser humano, es fundamental reconocer e identificar nuestras propias creencias acerca de este mismo pilar del amor – la monogamia. Exterioriza lo que pasa por tu mente respecto a la fidelidad y la exclusividad (elementos que se manifiestan en la monogamia):

¿Qué es la monogamia para ti?

____

____

____

____

____

____

____

La monogamia es un concepto manifiesto y practicado en la cotidianidad social y humana, sin embargo, es un concepto poco reflexionado a nivel cognitivo. Si no sabes que es, no hay problema. No saber que es algo en lo que se está inmerso es una oportunidad de conocimiento sobre el tema y de ti mismo.

Te invitamos a que consultes nuestro libro Reconstruyendo el amor en pareja en este encuentras un abordaje sobre el pilar de la monogamia, para que elabores tus propias conclusiones sobre el tema, pues es necesario que tú empieces a darle tu significado a la monogamia para entenderte en lo que es importante y fundamental para ti desde tus creencias acerca de una relación de pareja. Aunque la monogamia puede ser un concepto no conocido para algunas personas desde lo teórico, en este libro ahondaremos en los elementos más visibles que la componen y hacen posible que se manifieste. Para esto, vamos a hacerte otras preguntas:

¿Qué significa para ti la fidelidad en una relación de pareja?

____

____

____

____

____

____

____

____

¿Qué piensas de las personas que han sido o son infieles a sus parejas?

____

____

____

____

____

____

____

____

¿Te has sentido tentado/a en algún momento a ser infiel?

Si __ No __

¿Cómo crees que te puedes sentir durante y después de haberlo hecho? O en caso que hayas sido infiel ¿Qué sentimientos y pensamientos experimentaste sobre este evento cuando tuviste contacto con tu pareja?

____

____

____

____

____

____

¿Es importante para ti la exclusividad dentro de una relación de pareja?

Si __ No __ ¿Por qué?

____

____

____

____

____

¿Cómo sabes que tu pareja es exclusiva contigo? ¿Qué acciones realiza o cómo se comporta para hacerte saber su exclusividad contigo?

____

____

____

____

____

____

____

____

Estas preguntas buscan que identifiques lo que crees respecto a la exclusividad y fidelidad que son elementos fundamentales dentro de la monogamia. Te recomendamos que leas nuevamente tus respuestas y simultáneamente busques la influencia que tiene en ti la exclusividad y fidelidad dentro de tus pasadas o actuales relaciones de pareja.

Es importante el reconocimiento de las creencias que habitan en tu mente acerca de la exclusividad, fidelidad y la monogamia, para observar por qué te duele o sufres cuando tu pareja no realiza las acciones esperadas que evidencien el compromiso monógamo. La constante idea de exclusividad, expone a cada sujeto a su propia fragilidad y vulnerabilidad, ya que construye creencias egoístas en las que él o ella deberían ser el centro de su pareja y la pareja se convierte en el centro propio.

Seguir este tipo de creencias de manera estricta genera afectaciones en la seguridad de sí mismo/a, pues el estar – bien y el sentir tranquilidad depende de lo que haga, evidencie y diga el otro. En este sentido, mi bien – estar lo convierto en un asunto de responsabilidad ajena y no propia.

Depositar la responsabilidad de asuntos personales en otros seres y elementos externos, genera que la persona desarrolle también creencias de incapacidad de hacerse cargo de si y para mismo/a, tanto de su propio estado emocional como físico. Por eso, es necesario analizar lo que creemos de la exclusividad, tanto si estamos en una relación de pareja o no, ya que estas creencias orientan nuestros comportamientos y nos indica que esperar de la otra persona. Pero también, será nuestro camino al sufrimiento cuando todas estas pre-concepciones y expectativas que hemos construido, no se cumplan o materialicen.

En este sentido, nuestras propias creencias acerca de la exclusividad generan nuestras propias cadenas, puesto que, al vivir en expectativa de que el otro me haga sentir realizada/a con su fidelidad, entrega y compromiso exclusivo, me limita a darme a mí mismo/a esa propia atención, dedicación, fidelidad y compromiso que estoy anhelando. Por supuesto, todo esto tiene implicaciones en el sentir y actuar del ser humano que lo experimenta, veamos si es algo familiar para ti.

Sentimientos que Surgen Sobre lo que Crees de la Monogamia

Cuando hablamos de la monogamia, sobre los sentimientos que genera creerla y practicarla, se hace indispensable retomar la palabra "Celos" ¿Quién no los ha sentido? Sea por una pareja, un familiar o amigo. Todos en algún momento hemos experimentado una amenaza, un miedo de perder a un ser amado por otra persona y sobre todo el vínculo afectivo que hemos creado con él o con ella. Recrea en tu mente una ocasión en la que hayas experimentado celos (sea con tu pareja, familiar o amigo/a) y responde:

Escribe la situación con detalles ¿Qué fue lo que sucedió que te hizo sentir celos?

____

____

____

____

____

____

____

____

Recuerda cómo sentías los celos en tu cuerpo ¿Algún dolor o calor en alguna parte de tu cuerpo? Revisa todas esas reacciones que sentiste en tu cuerpo mientras estabas celoso/a

____

____

____

____

____

____

____

Seamos un poco creativos, permitamos exteriorizar mediante otras formas además de la escritura y la palabra.

Haz un dibujo que refleje cómo se siente en tu interior los celos, o

¿*Cómo representarías los celos gráficamente?*

Ahora revisemos otras preguntas que te permitan seguir
reconociendo los celos en tu sentir dentro de una relación de pareja:

1. Te asusta que tu pareja te pueda dejar por otra persona — Si _ No_

2. Te da miedo que tu pareja conozca personas nuevas porque le puede gustar alguien más y cambiarte — Si _ No_

3. Te angustia pensar que tu pareja puede estar saliendo con otras personas — Si _ No_

4. Te gustaría compartir sexual-afectivamente a tu pareja con otras personas — Si _ No_

5. Te molestas cuando tu pareja habla o mira a otras mujeres/hombres con admiración y atracción — Si _ No_

6. Te enoja cuando tu pareja exalta la belleza de otros hombres/mujeres — Si _ No_

7. Te gusta que tu pareja suba fotos en redes sociales contigo — Si _ No_

Los celos en una relación de pareja le hablan a la persona que los siente acerca de la creencia consciente o inconsciente que tiene: "mi contrato monógamo está en peligro y en riesgo de disolverse". Por eso, los celos son la forma de sentir que más se relaciona a la fidelidad, exclusividad y la monogamia. De igual manera, es un sentimiento que nos posibilita revisarnos para continuar dentro de un proceso deconstructivo de los típicos parámetros y estándares aprendidos de la monogamia, ya que gran parte de las ocasiones que sentimos celos son temores infundados.

Es fundamental reconocer en nosotros mismos/as qué sentimos en nuestro cuerpo cuando experimentamos los celos, ya que es un momento crucial para ser conscientes de que estamos experimentando esta emoción y en este preciso momento decidir si dar "rienda suelta" a este sentir y continuar actuando bajo este o esperar a que disminuya para actuar de otra forma. En este sentido, aprender a identificar las sensaciones que genera en nuestro cuerpo el sentir celos, puede significar un cambio de patrón en las situaciones que nos sentimos amenazados o con temor de perder un ser querido por otra persona, esto dependiendo la decisión que tomemos al ser consciente de lo que nos está pasando internamente.

Por esto, los ejercicios que se plantean en este libro-guía te llevan a tus propias respuestas revisando tu interior con sinceridad y con la más posible transparencia, para que puedas reconocer lo que te sujeta, lo que te ata, pero también elaborar acciones desde ti para liberarte a ti mismo de aquello que te hace sufrir respecto a lo que has aprendido, crees, sientes y esperas del amor en pareja.

Estas preguntas de situaciones reales o hipotéticas, en las que hemos estado inmersos o estaremos en algún momento, permiten reconocer la presencia del miedo de perder un ser amado por otra persona o de ser reemplazado/a. Los celos suelen ser esa emoción o reacción que evidencian con claridad el miedo a perder lo que creemos como propiedad y como un lazo de exclusividad. La proyección o materialización de esta perdida puede desencadenar un dolor y sufrimiento que lastima hondo al ego, porque en el caso de las parejas, se deposita el bien-estar en un otro que te "traiciona" la confianza, la dedicación, el compromiso monógamo y exclusivo, también tus expectativas y todas las creencias sobre la fidelidad, tu pareja y de ti mismo/a.

En este sentido, los celos no solo se manifiestan por lo que creemos de la monogamia, exclusividad y la pareja, sino también, por lo que creemos y sentimos por nosotros mismos sin ese ser amado, de nosotros como individuos particulares y en soledad. Este temor se manifiesta de cómo nos percibimos a nosotros sin ese ser que es compañía - apoyo, pero también, de percibirnos sin ese objeto de atención al cual le dedicamos tanto tiempo y energía.

¿Cómo te sentirías sin tu pareja en tu vida? o ¿Qué has sentido en los primeros momentos en que terminas una relación de pareja?

____

____

____

____

____

____

Recuerdas en esos primeros momentos ¿Te sentías incapaz de vivir sin esa persona en tu vida? ¿Cómo fueron esos días?

____

____

____

____

____

____

____

Los primeros momentos después de terminar una relación de pareja las personas quedan vulnerables emocionalmente, por lo que es posible experimentar sentimientos e ideas de incapacidad de sobrellevar y hacer diversas actividades sin esa persona. Los celos nos protegen de no llegar a este tipo de situaciones y sentimientos, pero cada vez que los sentimos nos llevan a recrear en nuestra mente una serie de situaciones que, a pesar de no estar viviendo, sabemos que no las queremos experimentar. En ese sentido, los celos no son solo sentimientos sino también grandes maestros que nos muestra cómo presentamos inseguridades y miedos frente a la soledad, la pérdida, el rechazo y el abandono.

Los celos y demás sentires, no son solo un sentimiento o miedo que existen o se presentan en nosotros para incomodarnos, sino, para mostrarnos inseguridades propias e invitarnos a observarlas cercanamente para atenderlas, no por miedo a perder, sino para escuchar y atender lo que nos falta darnos desde nosotros mismos para que el miedo, la pérdida, la partida o el abandono del otro (cuando suceda o si sucede) trascienda sin tanto desgaste, malestar y dolor emocional.

Conductas que Reflejan tu Monogamia

En una relación de pareja que asume la monógama de manera explícita o implícita, la realización de conductas que reflejen la exclusividad y fidelidad se convierte en un elemento sumamente importante, ya que este les permite a los miembros de una relación corroborar el compromiso que existe entre ambas partes. Es decir, la expresión de conductas que demuestren la monogamia permite evaluar el funcionamiento de una relación cerrada y también analizar la decisión de seguir o no dentro de ella, según los criterios del vínculo de pareja que desea establecer cada integrante de la relación.

En este sentido, las conductas que brindan seguridad dentro de una relación monógama acerca del compromiso de exclusividad, se relacionan a dedicar mucho tiempo a la pareja, expresar pública-mente el vínculo monógamo (cogerse de la mano, besarse, subir fotos en redes sociales, presentar a la familia y amigos la pareja, entre otros, salir juntos constantemente).

También en espacios privados, una pareja monógama realiza afir-maciones que brinden y expresen el lugar único en la esfera afec-tiva y sexual, tales como, "solo quiero estar contigo", "eres lo más importante que tengo", "eres la más linda/o", "me encanta ser tu pareja", "solo te quiero para mí", entre otras afirmaciones que indi-quen el deseo y amor exclusivo por el otro. Cuando no se mani-fiestan estas expresiones y conductas, suelen asumirse como un síntoma de que algo no se encuentra bien en la relación y que es posible que existan razones (puede ser internas o externas) para evadir la reafirmación de la exclusividad en la pareja.

Es decir, que las conductas que reflejan la monogamia se convierten en un elemento esencial de garantía de seguridad dentro de la pareja cerrada, pero también en su otra cara de dependencia y de inseguridad. Ya que cuando no se manifiestan acciones que demuestren la monogamia dentro de la relación esta misma tambalea. Además, la persona que lo esta esperando sufre, sufre porque no la quieren como quiere y tampoco le brindar su lugar de exclusividad. La estabilidad emocional entonces depende del lugar que le da la pareja y de cómo se comporta con él o ella.

Revisemos algunas acciones que esperas y prácticas dentro de una relación de pareja exclusiva y monógama, recuerda escribir con sinceridad para continuar conociéndote y entendiéndote mediante las relaciones de pareja:

¿Qué acciones te gusta que haga tu pareja para comunicarte que está exclusivamente contigo?

____

____

____

____

____

____

____

____

¿Qué acciones realizas tú, para hacerle saber a tu pareja que estas afectiva y sexualmente solo con él o ella?

____

____

____

____

____

____

____

____

¿Cuál es una "mala" señal para ti, que pueda indicar que tu pareja te está siendo infiel?

____

____

____

____

____

____

Cuando percibimos que la pareja no cumple con estas expectativas, solemos sentir inseguridad y actuar de maneras agresivas, lesivas y obsesivas. Te invitamos a que recuerdes alguna situación en la que tu pareja no manifestaba acciones que reflejaban su compromiso monógamo y te sentías inseguro de ello, y con base en esto resuelve con franqueza y aceptación el siguiente test:

1. Recuerdas si le hiciste reclamos al respecto   Si _ No_

2. Fuiste grosero/a con él o ella   Si _ No_

3. Intentaste actuar igual que él o ella para hacerle sentir lo mismo que te generó a ti   Si _ No_

4. Has llegado a revisar el celular de tu pareja   Si _ No_

5. Revisas las redes sociales de tu pareja   Si _ No_

6. Has perseguido a tu pareja   Si _ No_

7. Le has prohibido a tu pareja verse o hablarse con alguien   Si _ No_

8. ¿Con quien o quienes?

____

____

____

____

¿Cuál es la razón por la que no quieres que comparta con esas personas?

____

____

____

____

____

____

____

¿Buscas acompañar a tu pareja en todo lo que hace o que él o ella te acompañe en todo lo que tú haces?

Si__ No__

Asumir la monogamia de manera rígida y cerrada tiene implicaciones en nuestro estado de ánimo y en nuestras conductas, ya que cuando no se manifiesta dentro de la relación amorosa de las formas puntuales y específicas que esperamos, podemos experimentar sufrimiento, desesperación y desarrollar conductas nocivas hacia nosotros mismos y también hacia la pareja.

Es usual que los miembros de una relación sientan inseguridad respecto a la pareja y lleguen a circunstancias de invasión a la privacidad y libertad del otro con el fin de sentir garantía de su vínculo exclusivo. Sin embargo, aunque sea lo usual no significa que sea lo más adecuado para las parejas y en este caso para ti. Cuando realizas estos comportamientos te estás dando más inseguridad porque pones tu "estar bien" en lo que realiza el otro, es decir que te pones en situación de desventaja y te dices que tu tranquilidad no depende de ti mismo y efectivamente es así, es lo que realmente está sucediendo.

Estos ejercicios se plantean para que reconozcas en ti cuando practicas acciones de abuso y dependencia con el otro en justificación de la monogamia, no para que te juzgues sino para que identifiques cuando te ha pasado, el daño que puede generar en ti, en tu pareja y qué también puedes hacer diferente cuando vuelvas a estar en situaciones similares. Por eso son ejercicios que se plantean para que revises con franqueza lo que viviste e hiciste, para que no sigas andando los mismos círculos dañinos y, por el contrario, andes unos caminos distintos que te permitan liberarte de tus expectativas monógamas.

Aunque cruces por esto, permítenos decirte que pasará si te lo propones, y que es posible retomar el control sobre tu propia tranquilidad. No es fácil y tampoco cambiará de la noche a la mañana. Pero si requiere de voluntad, constancia y de lo que se ha venido planteando en esta guía: de mucha franqueza contigo misma/o en reconocer tus pensamientos, sentimientos y conductas para que sepas interrumpir tus patrones lesivos, dejando de buscar el cumplimiento de tus expectativas monógamas.

La persona que opera bajo las creencias de fidelidad, exclusividad y monogamia, y aún más, desde el sentir celos o miedo a perder lo que percibe como propio, es posible que desarrolle conductas de sobreprotección de esta "propiedad" y consigo, de su lugar-persona seguro en el mundo. Esto se percibe en conductas de vigilancia y control de la pareja, lo cual resulta altamente frustrante para quien las ejerce y para quien las recibe, ya que es complejo tener el control sobre las conductas que realice cualquier otro ser humano diferente a ti misma/o.

Las conductas de posesividad son autodestructivas porque te hieren y te producen sufrimiento, es entendible que te aferres a ellas porque es la forma que has aprendido a cuidar lo que quieres. Sin embargo, como lo hemos estado observando durante esta guía, no necesariamente porque así lo aprendiste debe seguir siendo para toda la vida. Aquello que te produce malestar te está hablando y señalando algo de ti que es importante atender para no seguirte lastimando. ¿Qué es? Cada quien en su proceso encontrará sus respuestas particulares, pero existen heridas comunes de abandono, rechazo, traición, entre otras que se presentan en la humanidad que nos marcan y mueven a actuar como actuamos.

¿Qué Hacer para No Sufrir por Como Asumiste la Monogamia?

Sea cual sea tu herida o malestar siempre habrá una invitación en ella y que para todos y todas se resume en ATENDERTE A TI MISMO. Escucharte, sentirte, brindarte tu cariño son piezas fundamentales para que te centres en lo que puedes hacer por ti, más no que debería estar haciendo el otro por mí. La perspectiva cambia bastante, el control ya no lo necesitas ejercer sobre un otro/a, sino que te haces responsable y te ocupas de ti.

La invitación es la misma, aunque confirmes que tu pareja te fue infiel o que estes decidiendo no continuar en la relación. Puesto que, en situaciones de perdida y ruptura, existe un gran trabajo personal por hacer desde ti y tu amor propio. Estas situaciones duelen porque algo ya no va a estar para nosotros, pero también porque nos acostumbramos a que ese otro o ese algo nos garantice la seguridad, felicidad y tranquilidad. Para que este sufrimiento trascienda hay que adentrarnos en nosotros mismos para conocernos y comprendernos, asimismo, para decidir y actuar basados fielmente a nosotros, lo cual también es atendernos a nosotros mismos.

La fidelidad generalmente ha sido pensada como una práctica externa y proveniente del otro, sin embargo, poco reflexionamos sobre la propia infidelidad y traición que nos hacemos a nosotros mismos al poner las necesidades del otro por encima de las propias. Quizá por eso una infidelidad o pensar en ella, desde nuestra pareja duele tanto, porque nosotros mismos en distintas situaciones no somos fieles a nosotros mismos, porque a veces queremos algo exclusivo para nosotros (quizá viajar o tener una propiedad solo), pero por no hacerlo sin ninguna compañía o por no excluir a nuestra pareja por miedo a que se enoje, y haga lo mismo o por otros motivos, resultamos priorizando a nuestra pareja o a otros por encima de nosotros mismos. Y esto sí que duele y nos molesta, pues estamos esperando que el otro haga lo mismo por nosotros.

Puedes practicar la monogamia si es la forma de relacionarte que quieres elegir, sin necesidad de caer en actos autolesivos y dañinos con el otro, aquí es donde entra tu proceso de deconstrucción y cambio. Para eso no necesitas de tu pareja, necesitas ocuparte de ti mismo para no sufrir si sale con distintas amistades o es franco contigo en sus sentimientos de atracción por otras personas (comunicarte esto no te hace menos interesante, no disminuye tu belleza y tampoco significa que te será infiel). El hecho de estar en una relación monógama no quiere decir que tú o tu pareja no puedan sentir atracción por otras personas, lo van a sentir. Y más aún si duran mucho tiempo, porque durante varios años cambiarán de contextos sociales y laborales, conocerán distintas personas y realizarán distintas actividades. Dentro de una relación monógama no está mal que a tu pareja le atraiga otra persona, somos seres humanos que sienten.

El asunto complejo y conflictivo radicará si tu pareja decide realizar acciones con las personas que le atrae, que rompen los acuerdos establecidos dentro de la relación. Debido a que, partiendo de una relación cerrada y asumida dentro de la monogamia se hablaría de una infidelidad, circunstancia probablemente dolorosa para ambas partes y que posibilitaría fisuras dentro de una relación. En este espacio cada pareja y persona decidirá como afrontarlos, de acuerdo a la situación, sus principios y los acuerdos preestablecidos.

Lo importante que nos plantea todas estas posibilidades y perspectivas es fortalecernos de manera individual desde el amor propio para saber gestionar mi propio malestar si a mi pareja le sucede algo natural o del ego como la atracción física y sexual. O también, si llega a suceder una infidelidad o una separación, que el mundo personal no se derrumbe porque te tienes a ti misma/o para soportar el posible dolor que puede generar una separación o infidelidad.

En este punto, se hace indispensable e importante trabajar en la relación que tienes contigo mismo, contigo misma, puesto que fortalecer la relación contigo te permitirá trabajar la dependencia a tu pareja, ser más autónomo, responsable y libre. En esa medida, te ocuparas de tus asuntos y, por ende, estarás tranquilo con que el otro o la otra lo haga también. Es decir, que el fortalecimiento de la relación con uno mismo, no solo te trae beneficios a ti, sino que también ayudará a construir relaciones de pareja más sanas, tranquilas y responsables.

Seguramente no dejaras de creer en la monogamia, para eso necesitarías renunciar a no querer tener pareja exclusiva ¿estás dispuesto? Puede que sí, pero, en la mayoría de los casos hemos crecido en entornos donde todo sucede de esta manera, por eso en nuestro deseo se centra en querer conformar una familia, un hogar y una exclusividad. Tranquilo no estas mal por eso, es preferible aceptarlo a negarlo. En este sentido, lo importante es aceptar la existencia de tus creencias y deseos, tal cual cómo ahora se presentan en ti.

El trabajo que se puede seguir realizado es sobre ti y tus creencias, puedes empezar por ocuparte más de ti, en redireccionar esa espera qué tu pareja te haga feliz hacia ti, para que tú mismo te des bien-estar, atención y amor, comprométete contigo como con nadie lo ha hecho. En este orden de ideas, la forma de dejar de sufrir por la forma rígida y limitada que asumiste la monogamia es redirigiendo la atención a ti mismo, aprende sobre ti, identifica que te gusta y que no, cuáles son tus limites, tus deseos y placeres. A continuación, te dejo otros ejercicios para cuando te angusties porque tu pareja está en sus asuntos, sin dedicarte tiempo a ti o simplemente cuando te sientas indispuesto por asuntos relacionados a tu pareja.

¿Qué actividades haces cuando estás solo - sin tu pareja? (Que no sea trabajar, estudiar o algún otro deber)

____

____

____

____

____

____

____

Si tu pareja sale con otras personas y no te invita ¿qué haces, en qué te ocupas o que haces para pasarla bien o estar tranquilo?

____

____

____

____

____

____

____

¿Qué actividades no te has permitido hacer hasta este momento de tu vida? Puede ser irte de viaje sola, ir de camping con amigos, entre otras ideas que se ajusten a los gustos particulares.

____

____

____

____

____

____

¿Qué actividades nuevas te gustaría aprender o hacer? ¿Algún deporte? ¿Un Arte? ¿Algo recreativo?

¿Conoces de qué forma te gusta atenderte?

Esta pregunta probablemente te resulte difícil de responder porque no sabemos cómo atendernos, como escucharnos y como amarnos. Pero es parte del ejercicio empezar a descubrir cuáles son esas formas particulares de brindarte esa atención que tanto buscas del otro. Pues fíjate que cuando te enojas con tu pareja y le haces reclamos porque salió con alguien o hizo algo que no querías, empiezas a llamar su atención. Cada situación es particular y algunas son importantes dialogarlas, sin embargo, muchas de estas antes de necesitar el reconocimiento de tus sentimientos de parte de tu pareja, están pidiendo escucha de parte tuya y esto es atendiendo y acompañándote en lo que te está pasando y también encontrando lo que te abruma.

¿Cómo no vas a sentir temor de perder a tu pareja si solo te ocupas y piensas en lo que puede estar haciendo cuando no están juntos/as? Atiéndete, cuando los celos e inseguridades se presentan es señal de atenderte tanto en tus creencias, sentimientos y lo que actúas.

Atrévete a practicar y emprender estas acciones que no te has permitido o las que escribiste en esta guía, vas a ver que te sentirás mejor contigo misma/o y sentirás más tranquilidad y seguridad en tu relación de pareja.

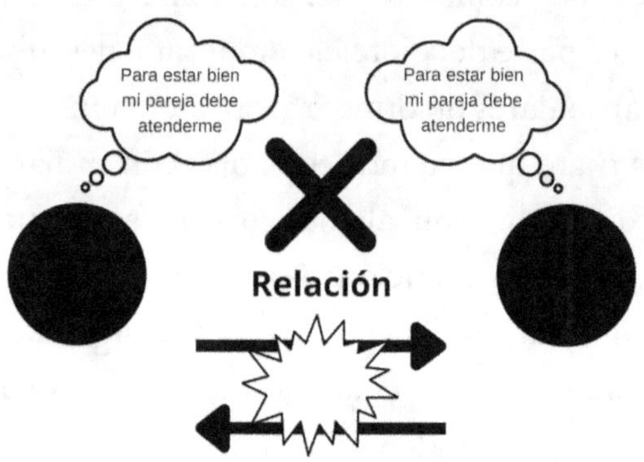
Para estar bien
mi pareja debe
atenderme
Para estar bien
mi pareja debe
atenderme
Relación

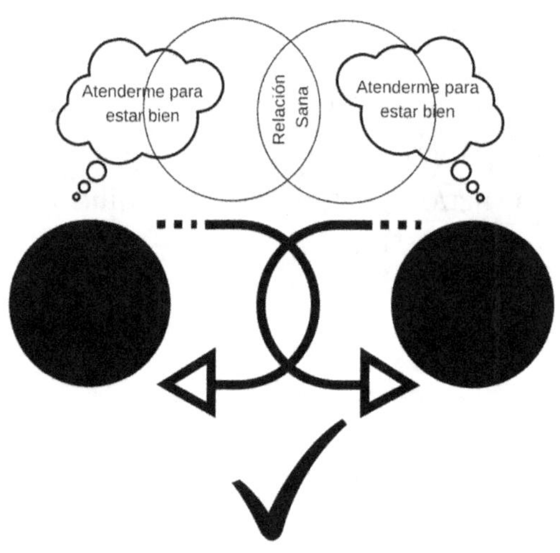
Atenderme para
estar bien
Relación
Sana
Atenderme para
estar bien

Atenderte no solo es un acto de amor propio, sino también un acto de amor con el otro, ya que nos estaríamos dando con sinceridad al otro, no desde la necesidad y carencia, también estaríamos permitiéndole ser. Es decir que, al contrario, de lo que se podría pensar, atenderse a sí mismo no es descuidar a la pareja, hacerlo con consciencia permitirá liberarnos de obligaciones, también abrirnos a sus espacios, a los propios y por consiguiente a encontrarse en la pareja con autenticidad desde la manifestación y el compartir de sus mundos y particularidades.

CAPÍTULO TRES: ¿VIVES EN FUNCIÓN AL AMOR ROMÁNTICO?

El amor en pareja está expuesto a diversas exigencias para que funcione, una de ellas es el amor romántico. Ya que legitima el vínculo entre los dos miembros de la relación, haciendo sentir al otro querido, atendido y especial. En este sentido, el amor romántico se convierte en una pieza clave que refuerza, evidencia el afecto y el compromiso en una pareja. Pero a su vez, en una necesidad que al estar ausente origina dudas y confusiones en la relación, asociada a la existencia de un sincero y verdadero amor dentro de la pareja ¿Tú sabes la importancia que tiene este tipo de amor en tu vida?

El Enamoramiento Desde Ti

¿Estuviste enamorado/a alguna vez?

Si__ No__

Describe cómo te sentías estando enamorado (detalla emociones, sensaciones, pensamientos)

____

____

____

____

____

____

____

____

____

Describe cómo pensabas y veías a esa persona de la que estabas enamorada/o

____

____

____

____

____

____

____

____

¿Te gustaría volver a enamorarte?

Si__ No__

En caso de que no hayas vivido esto, ¿Te gustaría alguna vez experimentar estar enamorado?

Si__ No__

Si tu anterior respuesta es no, que te motiva o desmotiva a no desear enamorarte

____

____

____

____

____

____

____

Recuerda responder con sinceridad, ya que esta característica te permitirá comprender más tu mundo emocional y tu ámbito relacional.

Las respuestas anteriores te permiten ubicarte en la experiencia del enamoramiento desde ti, desde aquella persona que te enamoraste o también desde el anhelo o distanciamiento a vivir este proceso. No todos somos iguales, pero sí tenemos asuntos muy similares que pensamos y sentimos diariamente. El enamoramiento es uno de ellos, y es por el que muchas personas despiertan motivados y alegres, pero también, por el que muchas otras se despiertan desdichados y sin gracia porque el objeto de amor no está en sus vidas.

El enamoramiento tiende a ser anhelado o evitado, por la misma intensidad de emociones y sensaciones que genera. Relee tus respuestas tu ¿Desde cuál posición te encuentras? La postura de cada uno frente al enamoramiento será permeada por las experiencias agradables o desagradables que hayamos tenido, también hablarán de nuestras heridas, las decisiones que hemos tomado y sobre nuestras expectativas del amor. Pero, así como en la monogamia, esto no se manifiesta en ti porque así es la vida humana, sino por aprendizajes y condicionamientos que culturalmente hemos tenido a lo largo de nuestra vida. Sobre esto es importante detenernos para que conozcas más de ti y comprendas las acciones que realizas en el nombre o rechazo del enamoramiento.

La música y la literatura se encuentran dentro de las distintas formas de expresión humana con las que hemos crecido influenciados, ambas suelen hablar de la vida, la muerte, el deseo, el miedo, el amor, entre otros. Sin embargo, dentro de los espacios comerciales y de consumo, encontramos que predominan y son conocidos más poemas y canciones relacionados a experiencias de amor de pareja o aquel que surge por una persona desde una atracción física, sexual y afectiva. Sin embargo, este contenido no siempre aprueba al amor, sino que también lo desaprueba.

Revisemos el poema **_"Todavía"_** de Mario Benedetti, que evidencia el gusto de vivir enamorado:

"No lo creo todavía

estás llegando a mi lado

y la noche es un puñado

de estrellas y de alegría

palpo gusto escucho y veo

tu rostro tu paso largo

tus manos y sin embargo

todavía no lo creo

tu regreso tiene tanto

que ver contigo y conmigo

que por cábala lo digo

y por las dudas lo canto

nadie nunca te reemplaza

y las cosas más triviales

se vuelven fundamentales

porque estás llegando a casa

sin embargo todavía

dudo de esta buena suerte

porque el cielo de tenerte

me parece fantasía

pero venís y es seguro

y venís con tu mirada

y por eso tu llegada

hace mágico el futuro

y aunque no siempre he entendido

mis culpas y fracasos

en cambio sé que en tus brazos

el mundo tiene sentido

y si beso la osadía

y el misterio de tus labios

no habrá dudas ni resabios

te querré más

todavía".

— TODAVÍA, MARIO BENEDETTI, *EL AMOR,
LAS MUJERES Y LA VIDA.* 1995

Fíjate en la exaltación de las características de la persona "amada" dentro de este poema, de esta misma manera sucede cuando estamos enamorados. Sentimos que el mundo es más bello con la presencia de esa persona, sentimos más sorpresa y sentido por lo que vivimos, también más esperanza y anhelo por lo que viene ya que se proyecta vivirlo junto a esa persona.

La forma de experimentar el enamoramiento es casi que general, suele ser tan placentera y satisfactoria que quisiéramos durar en ese estado mucho tiempo de nuestra vida. Sin embargo, no es posible porque es un estado químico – hormonal regido especialmente por la emoción e idealización.

Ahora, revisemos una canción que refleja el dolor que produjo el enamoramiento al no darse la experiencia cómo se esperaba sea por correspondencia, durabilidad, entre otras que puedan presentarse:

"No me vuelvo a enamorar

Totalmente para que

Si la primera vez que entregué mi corazón

Me equivoqué

No me vuelvo a enamorar

Porque esta decepción

Me ha dejado un mal sabor

Me ha quitado el valor

De volverme a enamorar

Ya jamás tropezaré

En nadie me fijaré

No me vuelvo a enamorar

No me vuelvo a enamorar

Totalmente para que

Si la primera vez que entregué mi corazón

Me equivoqué

No me vuelvo a enamorar

Porque esta decepción

Me ha dejado un mal sabor

Me ha quitado el valor

De volverme a enamorar

Ya jamás tropezaré

En nadie me fijaré

No me vuelvo a enamorar

No me vuelvo a enamorar

Totalmente para que".

— *NO ME VUELVO A ENAMORAR,* JUAN
GABRIEL (CANTANTE) Y ALBERTO
AGUILERA (COMPOSITOR).

Sea que hayas estado o no enamorado antes, o que lo estés ahora, al leer este poema y está canción, en tu interior ¿Con cuál estado resuenas más? ¿con estar solo para no sufrir por el enamoramiento? O ¿disfrutar de las sensaciones que produce? Como sea, nadie escapa del enamoramiento, sea para desearlo o apartarlo de su vida.

El asunto es revisar la importancia que le das en tu vida al enamoramiento, porque dependiendo de la búsqueda que tengas hacia este estado puedes generar dependencia, también sentimientos de frustración e insatisfacción. Ya que una persona que este deseando y esperando sentirse así por siempre con su pareja va a sufrir, porque este estado no es posible mantenerlo para toda la vida con la misma persona. Pero también, si permanece en esa constante búsqueda, recurrirá a encontrarla en distintos seres, pero viviendo la incomodidad de que no sea una misma pareja, enfrentándose en cada separación al dolor y la perdida.

En cambio, aquella persona que aparta el enamoramiento de su vida, se cierra a sentir experiencias espontáneas relacionadas a este estado. La negación y el rechazo al sentir también tiene implicaciones para permitirnos manifestar quienes somos, también soltar nuestros miedos y dolores.

Por eso, el enamoramiento tiene un rol importante que nos habla de nosotros mismos, de nuestros deseos, miedos y carencias, que dependiendo como lo vivamos y esperemos vivirlo, nos permitirá encadenarnos o liberarnos. Es importante tener presente, que tanto el enamoramiento como cualquier otra forma de sentir, no es permanente en el tiempo. Convivir con esto es un aprendizaje fundamental para no idealizar y engancharte con un sentimiento, también te será útil para aceptar las distintas formas de sentir que tiene el ser humano estando solo, en pareja, en familia, etc. Esto es importante para que no hagas responsable exclusivamente al sentimiento y al otro por lo que sientes, sino también revises tu responsabilidad por lo que esperas de un proceso químico hormonal y asimismo de una pareja o persona.

El Amor Romántico como Expectativa ¿Difícil de Conservar en la Realidad?

¿Consideras que ser romántico es importante dentro de una relación?

Si__ No__

Explica la razón de tu respuesta

____

____

____

____

____

____

____

____

¿Qué hace una persona romántica o cómo es una persona romántica?

____

____

____

____

____

____

¿Dentro de tus relaciones de pareja es importante que existan expresiones románticas? ¿Por qué?

____

____

____

____

____

____

____

¿Te consideras una persona romántica?

Si__ No__

¿Te gusta que te pareja sea romántica?

Si__ No__

Existen algunas frases que hemos querido escuchar de parte de alguien hacia nosotros o en nuestra relación de pareja, que no son creadas de manera original y creativa por nosotros. Estas las hemos visto o escuchado en novelas, películas, redes sociales, otras parejas y personas. Entre las frases recurrentes y comunes que reflejan un amor romántico que hemos deseado en algún momento de nuestra vida están:

- "Nuestro amor todo lo puede"
- "Tú me complementas"
- "Eres el amor de mi vida"
- "Eres mi media naranja"

Estas frases permiten observar cómo en nuestra sociedad circulan ideas acerca del amor en pareja, que se centra en la exclusividad, pero también en ser romántico. Estás ideas son sumamente llamativas e interesantes para desear vivirlas, ya que nos pone en el centro, nos hace sentir seres especiales, importantes y amados por el otro.

Vivir en función de este tipo de ideas en un inicio puede ser satisfactorio porque nuestra pareja puede realizarlo, pero imagina durar muchos años y tu pareja buscando hacerte sentir así siempre o tu a tu pareja. Se convierte en una dinámica demasiado demandante y exigente, que carga a la relación de expectativas probablemente incumplidas porque tu pareja y tú, también tienen su propia vida y se tienen a sí mismos para buscarse y sentirse tranquilos en la vida que llevan.

Para mantener una relación de pareja es importante el amor romántico pues evidentemente es un elemento que hace sentir especial a ambos miembros de la pareja y refuerza la conexión emocional en la relación. Sin embargo, pretender que un amor romántico al igual que el enamoramiento esté siempre en una pareja es una expectativa que más que satisfacción te traerá sufrimiento. Porque como lo mencionábamos en el apartado anterior, sostener un estado de ánimo y de actuar no es posible, y el anhelo de hacerlo es lo que nos duele porque no aceptamos otras formas de sentir y vivir que suceden en la vida humana estando o no en pareja.

En este sentido, conservar prácticas de amor romántico ayuda a generar espacios de compartir en la pareja, que los conectará emocionalmente porque les permitirá expresar la importancia del uno con el otro. Aunque, es importante hacer que la relación no dependa exclusivamente de estas formas de expresión de cariño, para que cuando no se manifiesten disfruten de otras maneras de expresión de afectos que pueden surgir entre ambos y que también pueden significar compromiso y amor en la pareja.

¿Qué Pasa si Vives en Función del Amor Romántico?

¿Has sentido alguna vez que das mucho de tu tiempo y energía a tu pareja para poderla hacer sentir bien en la relación?

Si __ No__

Vivir en función de un amor romántico significa hacer las expresiones románticas dentro de la relación lo más importante en la pareja y también para tu vida. Cuando esto pasa, el nivel de exigencia en tu vida para dedicarle tiempo y energía a la pareja se incrementa. Teniendo que disminuirlo en otras esferas relacionales y de desenvolvimiento personal.

Por otro lado, si este amor romántico al cual le dedicas tanta importancia y atención no se manifiesta sufrirás porque lo volviste tu mundo. Revisa con franqueza si se ha convertido en tu mundo para reconocer tus debilidades y fortalezas dentro y fuera de tu relación de pareja.

Vivir en función de tu pareja o de otro, esperando a que seas importante para ella o él, dedicando mucho tiempo a hacerle sentir especial, te hará depender y vivir para eso, lo cual es bastante grave, porque tu vida se enfocará y cobrará sentido desde lo que pasa en tu esfera de pareja. Es decir que te olvidas de ti, por vivir de una manera romántica con otra persona.

Como se expuso antes, el amor romántico es útil para alimentar una relación de pareja, pero convertirlo en tu eje central implica negar otros aspectos importantes para ti, te estarías apartando de lo que quieres y lo que no, pues tu vida no es solo tener pareja y tratarla de manera romántica. No solo somos pareja, la vida es mucho más que eso. Eres tú, eres tu cuerpo, eres tu mente y espíritu, también eres cuando compartes con tu familia, amigos, cuando te desenvuelves en el trabajo, además eres gustos y pasiones que decides agregar por interés propio.

¿Cómo Dejar de Sufrir por un Amor Romántico Idealizado?

¿Te gustaría que tu relación de pareja practicara un amor romántico mesurado?

Si __ No __

¿Además de un amor romántico dentro de tu relación, que te gustaría que hubiera en ella?

____

____

____

____

____

____

____

____

¿Cómo podrías ser romántico/a con tu pareja? ¿Cómo puedes hacerle entender que le importas y que ella o él es especial para ti?

____

____

____

____

____

____

____

¿Cómo podrías ser especial con tu pareja además de las formas comunes que son aprobadas desde un amor romántico?

____

____

____

____

____

¿Qué otros aspectos son importantes en tu vida que no sea la pareja?

____

____

____

____

____

____

____

____

Generalmente no nos hacemos estas preguntas, pero es importante para acercarnos a sentirnos satisfechos con la forma en que estamos viviendo nuestra vida. Recuerda que no solo eres pareja, eres hijo, eres amigo, eres sujeto autónomo y de ti depende en parte sentirte a gusto con lo que haces diariamente. No desconocemos que hay otros factores como el sistema laboral que hace menos divertida la vida, pero es importante que en esos otros espacios puedas hacerlos especiales para ti, incluso si solo se trata de descansar.

Te invitamos a que realices esa acción que escribiste sobre cómo hacer sentir especial a tu pareja la próxima vez que la veas y también regálate un espacio para hacer aquello que te parece importante exclusivamente para ti, eso que no tiene que ver con tu pareja. Cuando lo hagas pregunta cómo se sintió tu pareja y también busca estar atento a cómo te sientes al darte tu propio espacio de hacer lo que querías o te gusta.

Revisa que más aporta o puede brindarte tranquilidad y alegría a tu vida, para que logres integrar otros elementos que te interese incluir dentro de la relación y en tus prácticas cotidianas como sujeto independiente. Esto con el fin, de que no dependas exclusivamente de la alegría que trae tu pareja al hacerte sentir especial o al ser romántico/a contigo. Lo que queremos decir, es que puedes practicar un amor romántico sin vivir en función a él, de esta manera disfrutarás de él, pero también, de otras actividades en tu vida con y sin tu pareja.

En este sentido, consiste en ampliar y resignificar lo que es importante para ti, más allá de hacerse sentir especial en una relación amorosa encontrarás seguramente muchos más elementos que te aporten bienestar. Por eso busca con franqueza en ti, hazlo por ti para que estes bien contigo y no recargues de exigencias tu relación de pareja. Cuidar de ti, también es cuidar lo que amas y de tus relaciones.

- Otro elemento relevante a tener en cuenta para no vivir en función de un amor romántico es, permitirse sentir distintos estados de ánimo y no encasillarse solo en uno, porque la realidad es que el abanico de sentimientos humanos es bastante amplio y pretender conservar uno solo es ilusorio y doloroso.
- Para conectar con tu pareja no necesitas conectar contigo, pero al no conectar contigo, pasado el tiempo resultarás dejándote de lado y luego esto será un factor de autorreproche, no te sentirás bien contigo y luego con tu pareja. Por eso el darlo todo por la pareja y centrarte

exclusivamente en ella es un arma de doble filo que hiere, lo cual es importante modificar, para que sintiéndote atendido por ti puedas también darte al otro de manera más consciente desde distintos sentires y comportamientos, no exclusivamente desde lo romántico.

CAPÍTULO CUATRO: LIMITACIONES EN TU SEXUALIDAD

La sexualidad ha sido pensada exclusivamente como el acto sexual, desconociendo otros aspectos que la integran cómo lo es el deseo por el otro y la identificación con el sexo, género y cuerpo. La sexualidad entonces, es un tema más amplio y complejo que requiere revisarse con mayor detenimiento para identificar las limitaciones particulares que pueden surgir y manifestarse en relación a ella dentro o fuera de una relación de pareja. Aunque en este apartado, retomamos muchas de las experiencias que surgen en el acto sexual para identificar, hacer más practica e integrar estas otras formas de expresión o de limitación en la sexualidad propia y también del otro.

La Renuncia que Implican los Estereotipos de Género

El sexo y el amor son conceptos comúnmente confundidos y mezclados entre sí. Es importante mencionar, que el sexo es posible abordarlo desde tres perspectivas: el sexo biológico, anatómico y social. El sexo biológico hace referencia a los genes o a la genética que cada ser humano recibe al momento de la gestación. El anatómico hace referencia a los órganos sexuales externos y a los órganos reproductivos; y el sexo social - genero quizás el más debatido en la actualidad, hace referencia al rol asignado a las personas de acuerdo a su sexo biológico.

Por otro lado, tenemos la sexualidad que surge de la interconexión entre la sensualidad y la genitalidad, en un ritual dirigido a obtener placer. Nuestra sexualidad por lo general se mueve desde tres motivaciones: la romántica, la lúdica y la reproductiva. Si bien, la transmisión de sentimientos a través de la sexualidad desde una motivación romántica consta de gran importancia para el disfrute de la expresión sexual, pues, construye confianza, conformación de vínculos en la pareja, sensación de exclusividad y sentimientos de permanencia con el otro/a, etc. Por esto, resulta relevante descubrir y comprender la parte analítica/social de las relaciones sexuales.

Frente a la sexualidad y el amor se ha fabricado, producido y reproducido una especie de ideología: nos han enseñado de que se trata, cómo se hace, con quien está bien hacerlo, cuándo hacerlo, con qué finalidad, además del espacio que debería ocupar en la vida de cada ser humano. La sexualidad se ha convertido en un modelo que nos ha determinado y en esta misma función y con los mismos argumentos, hemos determinado a los otros.

Lo anterior permite diferenciar al sexo, el amor y la sexualidad, lo cual es relevante para comprender que la sexualidad no solo es el acto sexual, o que no todo acto sexual dentro de una relación de pareja debe ser romantizado. Si no, que también abarca nuestros cuerpos, lo que deseamos y lo que no, a quien, y cómo lo disfrutamos, también como nos identificamos y como no.

Los estereotipos de género influyen fuertemente dentro del disfrute y satisfacción de nuestra sexualidad, pues es a partir de estos nos identificamos y clasificamos al objeto de deseo, es decir, que al asumir los estereotipos de género nos delimitamos a unas funciones y formas específicas de vida, pero por supuesto también de nuestra sexualidad.

Marca con una X

Te identificas como Hombre __ Mujer __ Otro __

Estas en una relación Monógama Si __ No __

Estas dentro de una relación Homosexual __ Heterosexual __ o Ninguna __

Sea que no estes en una relación o sea cual sea el tipo de relación en la que te encuentres, contesta:

En los actos sexuales eres más __ o, menos __ propositivo

Te gusta asumir dentro de las relaciones sexuales un rol más activo __ o pasivo __

¿Te gustaría en tus actos sexuales ser más liberada/o, expresar sin tapujos la sensualidad de tu cuerpo?

Si __ No __

Explica la razón de tu respuesta:

____

____

____

____

____

____

Es usual que dentro de las relaciones heterosexuales se asocie que el hombre es quien debe asumir un rol activo y la mujer el pasivo, puesto que son características atribuidas a la masculinidad y la feminidad. Sin embargo, como lo hemos hablado durante todo el libro, los estereotipos nos limitan imposibilitándonos disfrutar y conocernos desde otras formas que no están previamente estandarizadas. En este caso, asumir a la masculinidad dentro del rol activo y lo femenino en el pasivo, no permite disfrutar a la mujer de ser activa y al hombre de ser pasivo estando en una relación heterosexual.

Dentro de las relaciones homosexuales pueden ser más diversos los actos sexuales porque no necesariamente se establecen estos roles, sin embargo, muchas de estas relaciones si los adquieren, predefiniendo unas formas específicas de actuar en los encuentros sexuales de pareja.

Cualquiera que sea tu orientación sexual, responde con sinceridad:

¿Qué has dejado de hacer en tus actos sexuales porque no corresponde a tu género?

____

____

____

____

____

____

¿Qué te gustaría explorar o hacer de diferente en tus actos sexuales?

____

____

____

____

____

____

____

¿Te has permitido hacer todas las poses sexuales que te excitan o por vergüenza te has limitado alguna? Escribe tu respuesta:

____

____

____

____

____

____

¿Qué te gustaría cambiar de ti durante tus relaciones sexuales?

Sea cual sea, la relación, orientación sexual e identidad de género que tengas, lo que queremos que identifiques es la forma en que te has limitado por asumir ciertos roles que nos ha dicho la sociedad que deben ser. Estos roles y estereotipos no solo se encuentran en la esfera pública y dentro de lo privado en las responsabilidades del hogar, sino que también se trasladan a espacios íntimos y de compartir sexual.

Lo relevante es reconocer cuales son nuestros gustos y deseos, incluso a pesar de habernos dicho que eso no pertenecía al género con el que nos identificamos. Recuerda que el género es una construcción social, por eso mismo se puede deconstruir. Si eres hombre heterosexual que quiere ser penetrado por una mujer, pero por vergüenza o estereotipos no lo permites, atrévete a experimentarlo y sobre todo a sentir esa parte de tu cuerpo que quieres sentir con tu pareja u otros cuerpos. También, si eres una mujer heterosexual o homosexual que quiere disfrutar de dar placer y no que te lo den, está bien también, busca disfrutarlo. Estos casos son solo por dar unos ejemplos de las múltiples variaciones que pueden surgir cuando nos despojamos de los estándares que hemos construido también en nuestros espacios de placer.

Lo importante es no dañar a nadie y buscar experimentar las distintas facetas desde las que podemos disfrutar los actos sexuales, porque estos y la sexualidad son tan variados y diversos ¿por qué estandarizarnos también en el disfrute de nuestros cuerpos?

Los estereotipos de género han servido para organizar los roles familiares y hacernos funcionales para un sistema económico y político. Sin embargo, es mucho más lo que nos han quitado desde nuestra libertad física, corporal, emocional, mental y espiritual. Los procesos deconstructivos también involucran nuestros cuerpos, las prácticas intimas y sexuales que tenemos con nuestras parejas. Por eso, permitir el disfrute de todas estas particularidades sexuales son potenciadores para afianzar la confianza, el deseo y la intimidad en nosotros mismos y dentro de las relaciones de pareja.

En este sentido, los estereotipos de género han implicado la renuncia a las particularidades de nuestra sexualidad como lo es la espontaneidad y diversidad de nuestras prácticas y expresiones sexuales siendo sujetos deseantes u objetos de deseo. No obstante, no solo somos nosotros los que nos sometemos a una renuncia, sino también el otro – pareja que por vergüenza no se permitirá reconocer y expresar sus gustos sexuales. Por lo que, trabajar la deconstrucción de los estereotipos de género en la pareja puede ser un elemento de unión y compresión desde los distintos ámbitos en los que se expresa la relación.

Expectativas Sobre el Acto Sexual en Pareja

¿Qué es hacer el amor para ti?

____

____

____

____

____

____

____

¿Qué debe tener para ti un muy buen acto sexual – "sexo"?

____

____

____

____

____

____

¿Cuál de los dos es más importante para ti dentro de una relación de pareja: "Hacer el amor" o "Tener buen sexo"?

____

____

____

____

____

____

____

Cuando estás en una relación de pareja ¿Cómo esperas que sean los actos sexuales con ella o él? ¿Con amor, pasión, morbosidad, entre otros?

____

____

____

____

____

Las respuestas que acabas de escribir, hablan acerca de lo que esperas y es importante para ti durante el acto sexual, reconocer esto, te permitirá identificar algunos estándares acerca del sexo y el amor. Así que revísalas muy bien para comprender lo que te atraviesa en la esfera sexual, que también como la monogamia y el amor romántico se ha desarrollado estereotipadamente y fue aprendido socialmente.

Antes de profundizar y analizar aquellos patrones y estándares que te acompañan acerca de tu sexualidad, es necesario mencionar que, tanto del acto sexual como del amor se han originado distintas expectativas, mismas que han llevado a moldear y encasillar el disfrute de la sexualidad dentro y fuera de las relaciones de pareja. En este orden de ideas, así como sufrimos porque un amor romántico no se manifiesta como lo tenemos estereotipado en nuestra mente, también lo hacemos porque nuestros actos sexuales no se viven y ocurren como lo proyectamos a nivel mental.

Existen múltiples ideas acerca del acto sexual o como lo llaman muchos "sexo" (de manera limitada, porque ya vimos que el sexo tiene otros significados), creemos que los actos sexuales deben ser lujuriosos, llenos de deseo y placer, que este tipo de sensaciones y experiencias son los elementos fundamentales para hablar de un "buen sexo". Aunque ¿Qué ocurre cuando esto deja de suceder con un compañero sexual? ¿Lo cambiamos? Y ¿qué sucede si ese "bajo desempeño" no es de tus compañeras o compañeros sexuales sino tuyo?

Esperar que todos los actos sexuales que realicemos sean extremadamente placenteros nos muestra la irrealidad en la que vivimos y la presión social que tenemos de si o si, tener una vida sexualmente activa y completamente placentera. Esto no siempre sucede así, existen personas que tienen miedo a tener relaciones sexuales, otras que no tienen "sexo" cada que quieren ni de la forma que siempre lo desean, parejas que sus encuentros sexuales no los disfrutan, o que antes eran placenteros y ahora no, también existen personas que no disfrutan de los actos sexuales por inseguridades y desconocimiento de su propio cuerpo, entre otras posibilidades humanas que se expresan en el plano de lo sexual.

No hay nada de extraordinario en estos casos, cada persona presenta liberaciones o limitaciones en la experiencia sexual, lo importante es no negarlas, reconocerlas. Si existe algo en ellas que te disgusta o avergüenza, y que te gustaría trabajar para transformar también puedes hacerlo si crees que de esta manera disfrutarías más tus relaciones sexuales y también de tu misma sexualidad.

El ser humano tiene dificultades para reconocer frente a sí mismo y ante el otro sus particularidades, porque el encasillamiento dentro de modelos hace que nos sintamos y creamos extraños cuando surgen las particularidades de nuestro ser. Actualmente, la vivencia de la sexualidad en contraste a los años pasados ha tenido un desarrollo inclinado a la liberación de la misma, esto lo podemos ver en las letras del género musical que predomina en el mundo desde el 2000: el reggaetón, en la producción y acceso a la pornografía, en la creación de otro tipo de relaciones que entran en lo que llamamos el poliamor, también en la construcción de críticas que nos conducen a vivir más libremente nuestros actos y preferencias sexuales.

La posibilidad de un desarrollo sexual más libre es y ha sido una lucha que cada vez resuena más en nuestras sociedades actuales. Sin embargo, no estamos considerando que la expectativa constante de una liberación sexual nos puede llevar a construir una idealización de un sexo desenfrenado, lujurioso y lleno de placer, sin contemplar que, no todo acto sexual es desenfrenado, lujurioso y lleno de orgasmos, pues pueden existir diversos factores que afectan a la o las personas que participan de él o que simplemente tienen gustos diferentes dentro de los encuentros sexuales.

Creer que todas las relaciones sexuales serán y deben ser plenas en lujuria, con variedad y creatividad, fuera y dentro de una relación de pareja nos hará engancharnos a formas específicas de vivir los actos sexuales. También hará que construyamos unas expectativas difíciles de materializar en cada encuentro sexual.

El acto sexual dentro de la pareja puede cargar con estas expectativas, pero también, que debe ser hecho de manera tierna y amorosa, a lo cual, solemos llamar como "hacer el amor". Esto da origen a un amor sexual, que es la combinación de condicionamientos acerca de la sexualidad y el amor. En este sentido el amor sexual es una manera romántica de llamar al placer sexual o coito. Este tipo de amor muchas veces reproduce sin cuestionamiento la idea de que tener pareja te garantiza el acto sexual y que todo acto sexual que se hace con la pareja es un acto que se hace con amor.

En la realidad, no siempre todo acto sexual realizado con la pareja o con cualquier otra persona es hecho con amor o con pasión, lo cual no está mal, no podemos pretender que todas las experiencias se sientan igual. En todas las ocasiones no nos sentimos con ternura o con lujuria, lo importante no es encerrarnos en un estereotipo de experiencias sexuales con o sin pareja, sino, permitirnos disfrutar las distintas situaciones en las que confluimos con otro cuerpo en encuentros sexuales consensuados para seguirnos conociendo y aprendiendo desde el cuerpo y deseo.

Relee nuevamente tus respuestas e identifica cuáles son esas expectativas que tienes sobre los actos sexuales con tu pareja o con otras personas, de esta forma podrás conocerte en el ámbito sexual.

Aquello que estas esperando que suceda en estos encuentros hablan de lo que te gusta y lo que no en los actos sexuales. Además, reconoce aquello en lo que te has cohibido e identificado para disfrutar los actos sexuales. Recuerda que no necesaria y exclusivamente deben ser esas formas para poder disfrutar, existen otras posibilidades que surgen en los encuentros sexuales con tu pareja u otros cuerpos. Puedes explorar y sentir placer a través de otras formas que desconoces, que te negaste por temor o falta de apertura. Aunque también esto último, es posible que suceda principalmente porque no nos hemos permitido conocernos en espacios a solas, debido a que es a través de ellos que aprendemos a diferenciar y encontrar con plena seguridad y confianza aquello que nos da placer y lo que no.

¿Qué Podemos Hacer con las Limitaciones en Nuestra Sexualidad?

¿De qué manera te gustaría vivir tu sexualidad?

____

____

____

____

____

____

____

____

¿Te gustaría experimentar algo nuevo acerca de tu sexualidad? ¿Qué?

____

____

____

____

____

¿Qué te gustaría permitirte hacer en tus futuros actos sexuales, que no te hayas permitido hasta ahora?

____

____

____

____

____

____

Te gustaría experimentar algo nuevo en los actos sexuales con tu pareja ¿nuevos roles, otras fantasías, juegos, poses? Escríbelo

____

____

____

____

____

____

Las respuestas que escribas en este apartado son muy importantes para conocer lo que quieres de tu sexualidad, puede considerarse como un tema vergonzoso, pero es necesario trabajar el pudor hacia este, abordándolo, sintiéndolo y reconociéndolo para no seguirte limitando en tu sexualidad, para que puedas expresarte más libre, espontáneamente dentro y fuera de los encuentros sexuales que tengas. Así que, volvemos a recordarte: escribe con sinceridad para poder acceder a tu verdad y emprender procesos deconstructivos de ti mismo y de tus relaciones.

Continuar actuando bajo estereotipos y expectativas entorno a los encuentros sexuales, nos hará cuestionarnos constantemente si lo estamos haciendo correctamente o no. También nos hará sentir insatisfechos por las ocasiones que no sucedió de esa forma que estábamos esperando que se manifestara. Es decir, que estaríamos evaluando cada acto sexual bajo un modelo y prototipo, en vez de disfrutar las particularidades que surgen en cada encuentro con la pareja o con diferentes cuerpos.

En tus respuestas está lo que puedes hacer para permitirte vivir de manera deconstructiva, porque es en ti, en tu interior y desde tu sinceridad que encontrarás como romper con todos aquellos parámetros sociales que hemos aprendido de manera inconsciente. Creer, sentir y actuar la sexualidad desde los limitantes estándares que se han construido en el género y la orientación sexual, solo nos conduce a sentirnos inconformes e insatisfechos con nosotros mismos y a vivir una sexualidad limitada. A medida que te permites expresar y ser en tu sexualidad, también te será más fácil compartirla con tu pareja y también tener apertura frente a la sexualidad que él o ella descubra de sí mismo/a.

Para continuar hacia un camino de descubrimiento sobre tu propia sexualidad, te invito a que sigas cuestionando sobre tus gustos, deseos y demás intereses que puedan existir alrededor de ella. Además, te invito a que indagues por ti mismo en tu propio cuerpo aquellas sensaciones, partes de tu cuerpo, posiciones y movimientos que te genera sentir mayor placer. Es decir, dedica tiempo a sentir tu cuerpo desde su sensualidad y lujuria, para que aprendas y conozcas de ti, y también para que puedas interactuar sexualmente con mayor confianza y seguridad. Recuerda, que no todas las experiencias sexuales serán las mismas y en ellas no encontrarás las mismas sensaciones, vive cada una de ellas desde su particularidad.

CONCLUSIONES

Las relaciones de pareja son mucho más complejas de lo que se percibe superficialmente, pues existen elementos profundos, encubiertos que las influyen e integran, que hacen que funcionen bajo dinámicas de exclusividad, romanticismo y heteronormatividad. Estos aspectos nos condicionan nuestros relacionamientos sexo – afectivos, nuestros deseos, creencias, sentimientos, comportamientos, también los del otro y nuestra pareja.

Los condicionamientos han servido para guiarnos con respecto a cómo vivir. En el caso de las relaciones amorosas, han sido útiles para orientarnos frente a las prácticas de dentro de una pareja. Sin embargo, cuando una pareja asume plenamente los estándares desde la monogamia, el amor romántico y la sexualidad, esta se convierte en un espacio que no posibilita expresar las particularidades y limita otras formas de ser y hacer de los seres que la conforman.

Para deconstruir algunos condicionamientos y estereotipos que tenemos en nuestra mente sobre las relaciones de pareja, es necesario reconocer su existencia y presencia en nuestras vidas, así como, la forma en que actuamos en función a estos. A través de un proceso de identificación y aceptación de lo que nos integra e influye, podemos cuestionar y decidir qué aspectos de ellos nos gustan, queremos en nuestras vidas y nos contribuyen a construir relaciones sanas, pero también, cuáles nos lastiman, hieren, limitan y generan relaciones nocivas.

Los ejercicios – preguntas planteadas en este libro son una muestra de la importancia de cuestionarte constantemente, no con la finalidad de conflictuarte, sino para que transparentes tus respuestas y des mayor escucha a tu propia voz frente a lo que quieres para ti mismo y dentro de una relación amorosa. Por esta razón, te invitamos a que sigas practicando la escritura sobre lo que pasa en tu mente desde tus creencias, también en lo que experimentas desde tu sentir y tus comportamientos, ya que estos son puertas de conocimiento y comprensión de ti mismo como ser humano, también como sujeto en relación de pareja o en cualquier otra esfera.

Tu trabajo no termina aquí, al contrario, apenas comienza. Pon en práctica esas respuestas que escribiste para que este proceso deconstructivo del amor ideal de pareja comience a manifestarse en la materialidad. Recuerda prestar atención a la forma en que te vas sintiendo con estos cambios, pues son formas nuevamente de atenderte y escuchar si tus elecciones con respecto a cómo te posicionas y vives el amor de pareja son las adecuadas PARA TI. Ya que lo importante es que te sientas a gusto contigo con las dinámicas que creas cuando estas compartiendo o no dentro de la relación.

Puedes continuar profundizando tus aprendizajes y trabajando en tus asuntos sobre el amor, a través del libro Reconstruyendo el Amor en Pareja, una guía reflexiva sobre la monogamia, el amor romántico y la sexualidad, puedes adquirirlo en:

Amazon: Reconstruyendo el Amor en Pareja

Autores Editores: www.AutoresEditores.com/Reconstruyendo-El-Amor-En-Pareja

Bibliografía

Cardona Carolina y Osorio Jenny, 2021. *Reconstruyendo el Amor en Pareja: Una guía reflexiva sobre la monogamia, el amor romántico y la sexualidad.* Guía para Ser Humanos Editorial.

Mario Benedetti, 1995. *El Amor, Las Mujeres y La Vida*

RECOMENDACIONES DE LAS AUTORAS

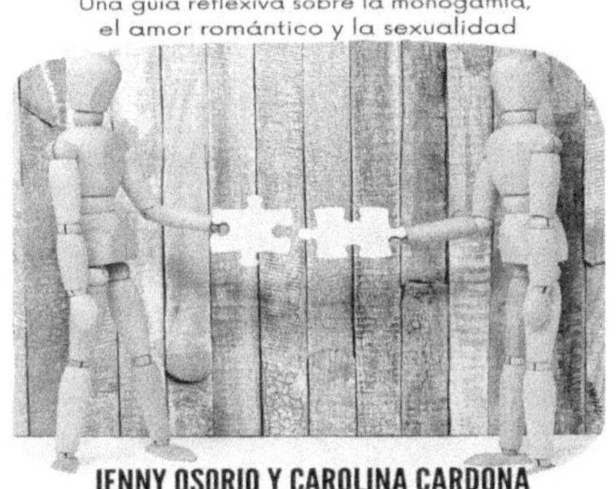

Descubre prácticas y estrategias para reconstruir un amor más reflexivo, autentico y disruptivo.

Léelo Ahora.

www.amazon.com/-/es/Jenny-Osorio-ebook/dp/B094GD5Z8F

Acerca de las Autoras

Desde las categorías sociales, soy Jenny Paola Osorio Echeverri, Psicóloga con un enfoque crítico, Especialista y candidata a Magister en Innovación de la Educación.

Siento un fuerte compromiso social, creo que las situaciones tienen trasfondos que necesitan ser reconocidos en las esferas personales y espirituales, para lograr transformar las sociedades en unas más reflexivas y conscientes.

Desde las etiquetas sociales soy Carolina Cardona, Administradora de Negocios Internacionales y candidata a Magister en Estudios Latinoamericanos.

Me intrigan las relaciones que tenemos con otros seres vivos, el origen y devenir antropológico del ser humano. Cuento con 6 años de experiencia apoyando a las personas con las cargas laborales que generan nuestras sociedades.

www.GuiaParaSerHumanos.com

 facebook.com/GuiaparaSerHumanos2021

 twitter.com/HumanosGuia

 instagram.com/guiaparaserhumanos

www.ingramcontent.com/pod-product-compliance
Lightning Source LLC
Chambersburg PA
CBHW071529150726
48000CB00002B/732